Walt Whitman

# Hymnen für die Erde

Übersetzt von Franz Blei

Walt Whitman: Hymnen für die Erde

Übersetzt von Franz Blei.

Erstdruck dieser Übersetzung: Leipzig, Insel Verlag, 1914

Neuausgabe mit einer Biographie des Autors
Herausgegeben von Karl-Maria Guth
Berlin 2017

Umschlaggestaltung von Thomas Schultz-Overhage unter Verwendung des Bildes: Walt Whitman, fotografiert von George Collins Cox, New York, 1887

Gesetzt aus der Minion Pro, 11 pt

Verlag: Henricus - Edition Deutsche Klassik GmbH
Mörchinger Str. 33, 14169 Berlin, info@henricus-verlag.de
Druck: Libri Plureos GmbH, Friedensallee 273, 22763 Hamburg

ISBN 978-3-7437-0674-3

Bibliografische Information der Deutschen Nationalbibliothek

Die Deutsche Nationalbibliothek verzeichnet diese Publikation in der Deutschen Nationalbibliografie; detaillierte bibliografische Daten sind im Internet über www.dnb.de abrufbar.

## 1.

Schließt eure Türen nicht vor mir, ihr stolzen Büchereien,
Denn was auf euren wohlgefüllten Borden fehlte, doch dringendst
    nötig war, das bring ich.
Auftauchend aus dem Streit, hab ich ein Buch gemacht,
Des Worte nichts sind, doch alles dessen Trift und Trieb,
Ein Buch für sich, den andern unverbunden und dem Verstande
    nicht erfühlbar,
Doch wird Geheimnisvolles, unerzählt bisher, aus jeder Seite euch
    entgegenschauern.

## 2.

Künftige Dichter, Redner, Sänger, Musiker kommender Zeit!
Nicht das Heute rechtfertigt mich, noch kann es antworten, wofür ich bin,
Aber ihr, ein neues Geschlecht, eingeboren, muskelstark, festländisch, größer als Vorgekanntes,
Erhebt euch! Denn ihr müßt mich rechtfertigen!
Ich selber schreibe ja nur ein aufzeigendes Wort oder zwei für die Zukunft,
Ich trete ja nur vor für einen Augenblick und eile zurück in die Dunkelheit.
Ich bin ein Mensch, der so hinschlendert, nie anhält, euch nur manchmal einen Blick zuwirft und dann sein Gesicht wegwendet,
Es euch überläßt, zu beweisen und zu bestimmen,
Und von euch die Hauptdinge erwartet.

## 3.

Aus geh ich vom fischförmigen Paumanok, wo ich geboren bin,
Wohlgezeugt und erzogen von einer vollkommenen Mutter.
Nachdem ich manche Länder durchwandert, volkreichen Pflasters Freund,
Wohner in meiner Stadt Mannahatta, oder auf Savannen des Südens;
Oder ein Soldat im Lager, oder Tornister und Büchse tragend; oder ein Goldgräber in Kalifornien;
Oder ungesittet in meinem Heim in Dakotas Wäldern, Fleisch meine Kost, vom Quell mein Trank;
Oder verborgen, um zu sinnen und nachzudenken in einem tiefen Versteck,
Weit, fern vom Geklirr des Gewühls, hingerissen und glücklich in Zeiten;
Achtsam des frischen freien Schenkers, des hinfließenden Missouri, achtsam des mächtigen Niagara,
Achtsam der Büffelherden, abgrasend die Ebnen, des zottigen, starkbrüstigen Bullen;
Nachdem ich Boden, Felsen, des fünften Monats Blühen gesehen, erfahren Sterne, Regen, Schnee mein Erstaunen,
Der Spottdrossel Töne gelernt und des Bergfalken Flug,
Und an einem Abend die unvergleichliche Einsiedlerdrossel erlauscht auf der Sumpfzeder:
Singe ich einsam im Westen und spiele auf für eine neue Welt.

## 4.

Tote Dichter, Philosophen, Priester,
Märtyrer, Künstler, Erfinder, längst vergangene Regierungen,
Ihr Sprachbildner an andern Gestaden,
Nationen, einst mächtig, jetzt verarmt, vernichtet oder verödet, –
Ich darf nicht weiterschreiten, bevor ich nicht, in Ehrfurcht, erkannt
    und beglaubigt habe, was ihr hierhergeschwemmt habt.
Ich hab es geprüft, und, mein! es ist (ich lebte darin eine Zeit lang)
    wunderbar.
Denke, nichts kann es Größeres geben, nichts kann jemals
    verdienstlicher sein.
Schaute alles fest an eine Zeit, dann ließ ich es fahren.
Stehe nun hier auf meinem Platz mit meiner eigenen Zeit.
Hier sind Länder Mannes und Weibes,
Hier die Erbschafter und Erbschaftinnen der Welt, hier die Flamme
    des Stoffes,
Hier ist die Geistigkeit, die übersetzende, offen ausgesprochene,
Immer strebende, der Endzweck der sichtbaren Formen,
Hier die Stillende, Ruhigende, nach langem Warten, Erwarten wieder
    Schreitende,
Ja, hier kommt meine Herrin, die Seele.

## 5.

Die Seele!
In alle Ewigkeit ewig, – länger, als die Erde braun und fest bleibt, länger, als Wasser ebbt und flutet.
Ich werde die Gedichte des Stofflichen hinstellen, denn ich denke, sie sind die geistigsten Gedichte,
Und werde die Gedichte meines Leibes und meiner Sterblichkeit hinstellen,
Denn ich denke, so werde ich mich selbst mit den Gedichten meiner Seele und meiner Unsterblichkeit versorgen.

Ich werde für diese Staaten einen Gesang dichten, daß keiner von ihnen irgendwann und wie einem andern unterworfen sei,
Und will ein Lied singen, daß Einvernehmen sei zwischen allen den Staaten so Tag wie Nacht, und zwischen jeden zweien von ihnen,
Und will ein Lied machen für die Ohren des Präsidenten, voll von Waffen mit drohenden Spitzen
Und hinter den Waffen zahllose unzufriedene Gesichter,
Und ein Lied singen von dem einen, das aus allen gebildet ist,
Dem bewaffneten, schimmernden einen, das sein Haupt über alle hat,
Dem entschlossenen, krieggleichen einen, das alle in sich schließt und über allem steht.
(Wie hoch auch immer ein Haupt, dies Haupt ist über allen.)

Ich werde die heutigen Länder bekennen,
Ich werde die ganze Geographie des Erdballs aufspüren und höflich grüßen jede Stadt groß und klein,
Und die Berufe! Ich werde in meine Gedichte schreiben, daß mit euch Heldentum ist zu Wasser und Land,
Und werde von allem Heldentum berichten als Amerikaner.

Ich werde das Lied der Kameradschaft singen,
Ich werde zeigen, was allein sie endlich bündigt.
Ich glaube, daß sie ihr Ideal, ihr eigenes, männlicher Liebe gefunden hat und daß sie es in mir aufzeigt.
Also will ich die brennenden Feuer von mir lodern lassen, die mich zu verzehren drohten,
Durchschlagen will ich, was so lange diese schwelende Flamme niedergehalten hat,
Und will ihr rasenden Lauf geben.
Ich will das Evangeliumgedicht der Kameraden und der Liebe schreiben,
Denn wer anders als ich sollte Liebe verstehn mit all ihren Peinen und Freuden?
Wer anders als ich sollte der Dichter der Kameraden sein?

## 6.

Ich bin der Gläubige an Tüchtigkeiten, Zeiten, Rassen;
Aus dem Volke trete ich hervor im Geiste des Volkes, –
Hier ist, was uneingeschränkte Zuversicht singt.

*Omnes! Omnes!* Laß andre übersehen, was sie wollen:
Ich dichte auch das Gedicht vom Bösen, ich erinnere euch auch an dies Teil;
Selber bin ich so gut wie böse, und so auch mein Volk, und ich sage: es gibt kein Böses
(Oder wenn doch, so sag ich, daß es dir, dem Lande oder mir so wichtig ist wie irgend sonst etwas).

Auch ich, vielen folgend und von vielen gefolgt, verkünde eine Religion, steige in die Arena hinab.
(Mag sein, daß gerade ich bestimmt bin, hier am lautesten zu rufen des Siegers schallenden Triumphschrei,
Wer weiß? Vielleicht bricht er aus mir heraus, jetzt, und schwingt sich über alles.)

Nichts ist einzig seiner selbst willen da.
Ich sage, die ganze Erde und alle Sterne am Himmel sind um der Religion willen da.

Ich sage, kein Mensch ist je bisher auch nur halb genug fromm gewesen,
Keiner hat auch nur halb genug gedient und angebetet,
Und keiner hat zu denken begonnen, wie göttlich er ist und wie sicher die Zukunft ist.
Ich sage, daß die wirkliche und währende Größe dieser Staaten ihre Religion sein muß;
Anders ist keine wirkliche und währende Größe.

(Weder Charakter noch Leben sind des Namens würdig ohne
    Religion,
Weder Land noch Mann oder Weib des Namens wert ohne Religion.)

## 7.

Was tust du, junger Mensch?
Bist du so ernst, so ergeben der Literatur, Wissenschaft, Kunst,
 Liebschaften?
Diesen angeblichen Wirklichkeiten, der Politik, den Standpunkten?
Deinem Ehrgeiz oder Geschäft, welches immer es sei?

Es ist gut, – gegen solche sage ich kein Wort; auch deren Dichter
 bin ich.
Doch sieh! Das schwindet schnell, brennt auf um der Religion
willen;
Denn nicht aller Stoff ist Brennstoff für die heiße, unfaßbare Flamme,
 der Erde wesentliches Leben,
Nicht aller, der nicht auch Nahrung ist für die Religion.

# 8.

Was suchst du so gedankenvoll und schweigsam?
Was entbehrst du, Kamerado?
Lieber Sohn, meinst du, es sei Liebe?

Hör, lieber Sohn, höre Amerika, Tochter oder Sohn,
Es ist ein schmerzlich Ding, im Überschwang Mann oder Weib zu lieben, und doch befriedigt es, ist groß;
Doch da ist noch ein andres wahrhaft groß und gibt Zusammenhang dem Ganzen,
Glorreich schwebt es über allen festen Dingen und sorgt für alle mit nie ermüdeten Händen.

## 9.

Weißt du, einzig um die Keime einer größeren Religion in die Erde
 zu senken,
Singe ich die folgenden Gesänge, jeden für seine Art.

Mein Kamerad! An zwei Hochdingen sollst du mit mir Anteil haben,
 und an einem dritten noch, das glänzender sich mit ihnen er-
 hebt,
Die Größe der Liebe, das Hochding der Demokratie und das
 Hochding der Religion.
Diese meine Mischung, das Unsichtbare und das Sichtbare,
Geheimnisvoller Ozean, in den sich die Ströme entleeren,
Prophetischer Geist, der von den Dingen ausgeht und mich
 umflackert,
Lebendige Wesen, Gleichheiten, unzweifelhaft nah uns in der Luft,
 wenn wir auch von ihnen nichts wissen,
Ihre tägliche, stündliche Berührung, die mich nicht lassen wird,
Sie erwählen mich, werden von mir mit leisen Winken verlangt.

Nicht, der mit täglichem Kuß von Kindheit an mich küßte,
Hat mich umschlungen und umwunden mit dem, was mich an ihn
 bindet,
Mich mehr umschlungen, gebunden, als ich den Himmeln verbunden
 bin und aller geistigen Welt,
Nach allem, was sie mir getan haben, da sie mir etwas zu singen
 zuflüsterten.
O, etwas zu singen! – Gleichheiten! O göttliche Gleichzahl! O göttlich
 Gewöhnliches! O Durchschnitt!
Jauchzen unter der Sonne, hingeschrieen wie jetzt, oder zu Mittag,
 oder zu Sonnenaufgang,
Melodieen, strömend durch die Zeiten, jetzt hierher gedrungen,
Ich halte mich an eure wilden und vielfachen Akkorde, füge neue
 hinzu und gebe sie froh nach vornen weiter.

## 10.

Demokratie! Ganz nah bei dir füllt sich nun eine Kehle mit Lust und singt freudvoll.

*Ma femme!* Für die Brut nach uns und von uns,
Für die Gegenwärtigen und die Künftigen
Jauchzend, daß ich für sie bereit bin, will ich nun Lieder hinausschütteln, stärkere, stolzere, als je bisher auf Erden gehört.

Ich will Gesänge der Leidenschaft singen, ihnen ihren Weg zu geben,
Und auch eure Gesänge, geächtete Verbrecher, denn ich skandiere euch mit zärtlichen Augen und nehme euch mit mir so gut wie sonst wen.

Das wahre Gedicht des Reichtums werde ich singen,
Zu ernten für Leib und Verstand, was Dauer hat und vorwärts geht und nicht vom Tode geschlagen ist.

Selbstsucht werde ich ausströmen und zeigen, daß es allem zugrunde liegt, und der Barde der Persönlichkeit werde ich sein,
Und vom Weibe und vom Manne werde ich aufweisen, daß ein jedes nur des andern Gleiches ist,
Und ihr, Organe und Akte des Geschlechts, konzentriert euch in mir, da ich entschlossen bin, euch mit klarer, mutiger Stimme zu sagen und auszusprechen, daß ihr erhaben seid,
Und weisen will ich, daß keine Unvollkommenheit ist im Heutigen und keine sein kann in der Zukunft,
Und weisen will ich, daß, was immer auch irgendeinem widerfahre, zu gutem Ausgang und schönem gewendet werden kann,

Und weisen will ich, daß einem nichts Schöneres geschehen kann als der Tod,

Und einen Faden werde ich durch meine Gedichte ziehen, daß Zeit und was geschieht, ineinander gefestet sind

Und alle Dinge der Welt vollkommene Wunder sind, eines so tief wie das andre.

Nicht Gedichte werde ich machen, die sich auf Teile beziehen,
Sondern ich werde Gedichte machen, Gesänge und Gedanken, die sich auf das Ganze beziehen,

Nicht auf den Tag hin werde ich singen, sondern auf alle Tage hin,

Und kein Gedicht oder eines Gedichtes geringsten Teil werde ich machen, der nicht auf die Seele sich bezieht.

Denn da ich auf die Dinge der Welt sah, da finde ich keines und keines Dinges ein Stück, das sich nicht aus die Seele bezieht.

## 11.

Verlangte jemand, die Seele zu sehen?
Sieh deine eigene Gestalt, dein Antlitz, Personen, Stoffe, Tiere, die Bäume, die fließenden Ströme, die Felsen und Sandbänke.

Jedes hält geistige Freuden und lockert sie später;
Wie kann der wirkliche Leib je sterben und begraben werden?

Von deinem wirklichen Leib und von jeglichen Mannes oder jeglichen Weibes wirklichem Leib
Wird Teil um Teil den Händen der Leichenwäscher entweichen und schweben zu geeigneten Sphären,
Mit sich tragend, was ihm zugewachsen war vom Augenblick der Geburt bis zum Augenblick des Todes.
Wie die Typen, die der Setzer setzt, ihr Abbild prägen, die Meinung und den wesentlichen Sinn,
Ganz so prägt sich eines Mannes oder Weibes Wesentliches und Leben aus in Leib und Seele,
Einerlei, ob vor oder nach dem Tode.
Siehe, der Leib schließt ein und ist die Bedeutung, der wesentliche Sinn, und schließt ein und ist die Seele;
Wer du auch seist, wie herrlich und wie göttlich ist dein Leib oder irgendein Teil deines Leibes!

## 12.

Mit mir, mit in festem Halt eile noch, eile weiter!
Um deines Lebens willen häng dich an mich.
(Vielleicht mußte ich oft überredet werden, ehe ich einwilligte, mich
    dir ganz und wirklich zu geben; aber was macht das?)

Kein zierlicher *dolce affettuoso*, ich:
Bärtig, sonnverbrannt, graunackig, widerwärtig, bin ich gekommen,
Daß man mit mir ringe, da ich vorbeikomme, um des Weltalls echte
    Preise,
Denn solche biete ich jedem, der sie zu gewinnen ausharrt.

## 13.

O Kamerado, nah mir! O du und ich, wir zwei noch allein, zuletzt wir zwei noch allein.
O ein Wort, den Pfad vor uns ins Unendliche zu lichten!
O etwas Entrücktes und Unausdeutbares! Eine wilde Musik!
O, jetzt triumphiere ich, und du sollst es wie ich!
O Hand in Hand, o labende Wonne, o noch ein Verlangender und Liebender mehr!
O eile, dich festzuhalten an mir, – eile, eile vorwärts mit mir!

## 14.

Ich feiere mich selbst und singe mich selbst,
Und was ich mir anmaße, sollst du dir anmaßen.
Denn jedes Atom, das mir gehört, gehört ebensogut auch dir.

Ich vergeude und lade meine Seele zu Gast,
Ich liege und lungere, raste und liege, schau einen Halm an vom Sommergras.

Meine Zunge, jedes Atom meines Blutes ist aus diesem Boden gebildet, aus dieser Luft,
Geboren bin ich von Eltern hier, hier von gleichen Eltern geboren, und diese von gleichen Eltern,
Also beginne ich, nun siebenunddreißig Jahre alt, in vollkommener Gesundheit,
Und hoffe bis zu meinem Tode nicht aufzuhören.

Glaubensbekenntnisse und Schulen noch unentschieden
Weichen für eine Weile zurück, nach ihrem Werte geschätzt, doch nie vergessen.
Gutes und Schlechtes nehme ich gastlich auf. Ich erlaube auf jede Gefahr hin, zu reden,
Natur ohne Einhalt mit ursprünglicher Kraft.

## 15.

Häuser und Räume sind erfüllt mit Wohlgerüchen, mit Düften gefüllt
    sind die Borde,
Ich atme den süßen Ruch, kenne ihn und mag ihn gern,
Die Würze mag auch mich berauschen, aber ich wehre ihr.

Die Atmosphäre ist Parfüm nicht, hat nicht Geschmack von Essenzen,
    ist ohne Geruch,
Doch ist sie immer für immer für meinen Mund, ich bin verliebt in
    sie.
Ich will zum Hügelhang am Walde gehen und ohne Kleidung sein,
    nackt sein, –
Rasend bin ich danach, daß sie ganz mit mir sich berühre.

Meines eigenen Atems Rauch,
    Widerhalle, Geriesel, summendes Raunen, Liebeswurzel, Seidenfaden,
        Baumgabel und Rebe,
Mein Einatmen und Ausatmen, der Schlag meines Herzens, des
    Blutes und der Luft Strömen durch meine Lungen,
Der schnuppernde Duft grüner und trockener Blätter, des Gestades,
    der dunkelfarbigen Klippen im Meer und vom Heu in der
    Scheuer,
Der Schall meiner Stimme, die Worte ausstößt, hinverloren den
    Windwellen,
Leise Küsse ein paar, leise Umarmungen, ein Strecken der Arme,
Das Spiel von Schein und Schatten die Bäume hinaus, wo die
    schwanken Äste wiegen,
Das einsame Entzücken oder im Brausen der Straßen, oder die Felder
    entlang und die Hügelhänge,
Das Gefühl der Gesundheit, der trillernde Mittag und mein Gesang,
    wenn ich vom Bette mich hebe und der Sonne begegne.

Hast du tausend Äcker für viel gehalten? Hast du die Erde für viel gehalten?
Hast du dir so lange Mühe gegeben, lesen zu lernen?
Bist du so stolz darauf gewesen, auf den Sinn der Gedichte zu kommen?

Bleib diesen Tag und diese Nacht mit mir, und du sollst den Ursprung aller Gedichte besitzen,
Sollst besitzen das Gut der Erde und der Sonne (Millionen Sonnen bleiben noch übrig),
Sollst fürder Dinge nicht mehr nehmen aus zweiter und dritter Hand, noch sollst du sehen durch die Augen der Toten, noch dich nähren von den Schemen in Büchern,
Sollst auch nicht durch meine Augen blicken, noch die Dinge aus meiner Hand nehmen,
Sollst nach allen Seiten lauschen und die Dinge klären durch dich selbst.

## 16.

Ich habe, was man redete, gehört, das Reden vom Anfang und vom
   Ende,
Ich aber rede nicht vom Anfang oder vom Ende.

Nie gab es mehr Beginn als jetzt,
Nie mehr Jugend oder Alter als jetzt,
Und nie je wird es mehr Vollendung geben als jetzt
Oder je mehr Himmel und Hölle als jetzt.

Drang und Drang und Drang,
Immer der zeugende Drang der Welt.

Heraus aus dem Trüben treten entgegengesetzte Gleiche vor, immer
   Stoff und Wachstum, immer Geschlecht,
Immer eine Verknüpfung der Identität, immer Unterscheidung,
   immer eine Brut Lebens.

Mühsam zu verarbeiten, ist ohne Nutzen und Sinn. Gelehrte und
   Ungelehrte fühlen das.

Sicher wie die sicherste Gewißheit, fest und derb in den aufrechten
   Stützen, wohlgefügt, verklammert in den Balken,
Stämmig wie ein Pferd, zärtlich, stolzgemut, elektrisch,
Ich und dieses Mysterium, – hier stehen wir.

Klar und süß ist meine Seele, und klar und süß ist alles, was meine
   Seele nicht ist.

Fehlt eines, so fehlt beides, und das Unsichtbare ist durch das
   Sichtbare bewiesen,
Bis auch dieses unsichtbar wird und nun selber Beweise empfängt.

Das Beste zu weisen und es vom Schlechten zu scheiden, plagt sich Zeit um Zeit,
Ich aber kenne die vollkommene Schicklichkeit der Dinge und ihre Unparteilichkeit und Gleichbedeutung, und während man streitet, gehe ich zum Bade und bewundere mich selbst.

Willkommen begrüßt ist jedes meiner Glieder von mir und jede Eigenschaft und die eines jeden herzlichen und reinen Mannes,
Nicht ein Zoll noch ein Teilchen eines Zolls ist gemein, und keines soll weniger vertraut sein als die andern.

Ich bin zufrieden, – ich schaue, tanze, lache, singe;
Wie die umfassende und liebende Bettgenossin die Nacht durch an meiner Seite schläft und bei Tagesanbruch verstohlenen Blicks sich entfernt,
Indem sie mir Körbe, mit weißen Tüchern bedeckt, zurückläßt, die das Haus mit ihrer Fülle bereichern,
Soll ich da Annahme und Genuß verachten und meine Augen anschreien,
Daß sie sich vom Schauen der Straße zurückwenden?
Und soll ich gleich nachrechnen und mir bis auf den Pfennig zeigen
Genau den Wert von einem und genau den Wert von zwei, und welcher mehr gilt?

## 17.

Beinsteller und Frager umgeben mich,
Leute, die mir begegnen, die Wirkung auf mich meines früheren Lebens, oder der Bezirk und die Stadt, wo ich wohne, oder die Nation,
Die neusten Daten, Entdeckungen, Erfindungen, Gesellschaften, Autoren, alte und neue,
Mein Essen, Kleidung, Genossen, Aussehen, Komplimente, Pflichten,
Die wirkliche oder eingebildete Gleichgültigkeit eines Mannes oder Weibes, die ich liebe,
Die Erkrankung eines meiner Verwandten oder meiner selbst, oder Fehlschläge, oder Verlust oder Mangel an Geld, oder Niedergeschlagenheit oder Überschwang,
Schlachten, die Greuel des Bruderkriegs, die Fieber über zweifelhafte Nachrichten, die wechselnden Zufälle:
Alles dieses kommt zu mir bei Tagen und Nächten und geht wieder von mir,
Aber alles dieses ist nicht mein wahres Ich selber.
Abseits von Zerren und Zausen steht, was ich bin,
Steht vergnügt, gefällig, teilnehmend, müßig, einig,
Schaut hinab, steht aufrecht, oder stützt einen Arm auf einen unsichtbaren sichern Halt,
Schaut mit seitlich gewandtem Haupt neugierig nach dem nächsten, das kommen wird,
Zwischen so, wie außer der Hatz und dem Spiel, schaut zu und hat sein Verwundern daran.
Rückwärts seh ich die eigenen Tage, da ich durch Nebel schwitzte mit Linguisten und Streithänsen, –
Ich habe weder Spottworte noch Beweise, Ich schaue zu und warte.

## 18.

Ich glaube an dich, meine Seele! Was ich sonst bin, darf sich vor dir nicht erniedrigen,
Noch darfst du vor ihm erniedrigt sein.

Streck dich mit mir ins Gras, löse den Verschluß deiner Kehle;
Nicht Worte, noch Musik oder Reim brauch ich, nicht das Gewohnte brauche ich, nicht Vortrag, und selbst den besten nicht,
Nur das Einlullen mag ich, das Summen deiner Stimmritze nur.

Ich sinne, wie wir einst an solch einem ganz hellen Sommermorgen im Grase lagen,
Wie du dein Haupt quer über die Hüfte mir legtest und dich lieb über mich wandest
Und mir das Hemd vom Brustknochen wegzogst, und deine Zunge in mein bloßgelegtes Herz tauchtest,
Und langtest herauf, bis du meinen Bart fühltest, und langtest hinab, bis du meine Füße hieltest.

Rasch erhob sich da und breitete sich um mich der Friede und Wissen, das über alle Beweise der Erde geht,
Und ich weiß, daß die Hand Gottes das Versprechen meiner eigenen Hand ist,
Und ich weiß, daß der Geist Gottes der Bruder meines eigenen Geistes ist,
Und daß alle die Männer, je geboren, auch meine Brüder sind und die Frauen meine Schwestern und Geliebten,
Und daß eine Kielschwinne der Schöpfung Liebe ist,
Und unbegrenzt Blätter sind straff oder welk auf dem Gefilde,
Und braune Emsen in den kleinen Gruben darunter,
Und moosiger Schorf auf dem gewundenen Zaun, gehäufte Steine, Holunder, Königskerzen und Kermesbeeren.

## 19.

Hat irgendeiner es für ein Glück gehalten, geboren zu werden?
Ich eile, ihm oder ihr zu sagen, daß es ebenso ein Glück ist, zu sterben, und ich weiß das.

Ich gehe über den Tod hinaus mit dem Sterbenden und über die Geburt mit dem eben gewachsenen Säugling, und bin nicht beschlossen zwischen meinem Hut und meinen Stiefeln,
Und durchlaufe mannigfaltige Dinge, nicht zwei einander gleich und ein jedes gut,
Die Erde gut und die Sterne gut und alles, was zu ihnen gehört, gut.

Ich bin nicht eine Erde noch ein Zubehör der Erde,
Ich bin der Genosse und der Gefährte der Leute, alle ebenso unsterblich und unergründlich wie ich selber.
(Sie wissen nicht, wie unsterblich, ich aber weiß es.)

Jede Art für sich und ihr Eigen, mir die meine männlich und weiblich,
Mir die, welche Burschen gewesen sind und Frauen lieben,
Mir der Mann, der stolz ist und fühlt, wie es schmerzt, abgewiesen zu werden,
Mir das Liebchen und die alte Jungfer, mir die Mütter und die Mütter der Mütter,
Mir Lippen, die gelächelt haben, Augen, die Tränen verschütteten,
Mir Kinder und Erzeuger von Kindern.

Entblößt euch! Vor mir seid ihr nicht schuldig, noch alt, noch abgedankt.
Ich sehe durch schwarzes Tuch und durch gefärbtes Garn, ob ihr wollt oder nicht,
Und bin dabei und zur Stelle, hartnäckig treu, eroberungssüchtig, unermüdlich, und kannst mich nicht abschütteln.

## 20.

Achtundzwanzig junge Männer baden am Gestade,
Achtundzwanzig Männer, und alle so freundlich;
Achtundzwanzig Jahre weibhaften Lebens, und alle so einsam.

Ihr gehört das hübsche Haus am Uferhang,
Schön und reich gekleidet liegt sie hinter des Fensters Vorhang,
    lauert.

Welcher von den jungen Männern ist ihr der liebste?
Ach, der häßlichste von ihnen ist ihr schön.

Wohin willst du, Dame? Denn ich sehe dich,
Du plätscherst da im Wasser und stehst doch ganz still in deinem
    Zimmer.

Tanzend und lachend lief den Strand hinab die neunundzwanzigste
    Badende,
Die andern sahen sie nicht, sie aber sah sie und liebte sie.

Die Bärte der jungen Männer glitzerten vom Naß, es rann von ihrem
    langen Haar,
Kleine Bäche liefen über ihre Leiber.

Auch eine Hand, eine ungesehene, strich über ihre Leiber,
Glitt bebend an ihren Schläfen und Rippen hinunter.

Die jungen Männer schwimmen auf ihren Rücken, ihre weißen
Leiber wölben sich zur Sonne, sie fragen nicht, wer sie da anfaßt,
Sie wissen nicht, wer da so keucht und sich mit hängendem,
    schwebendem Bogen niederbeugt,
Sie ahnen nicht, wen sie mit Wasserstrahlen bespritzen.

## 21.

Mit gewaltiger Musik komme ich, mit meinen Zinken und
meinen Trommeln,
Ich spiele nicht nur Märsche für anerkannte Siege, ich spiele
auch Märsche für Besiegte und Geschlagene.

Hast du gehört, daß es gut sei, die Schlacht zu gewinnen?
Ich sage dir, es ist auch gut, zu fallen; denn Schlachten werden
in demselben Geiste verloren, in dem sie gewonnen werden.

Ich trommle und pauke für die Toten,
Ich blase durch mein Mundstück mein Lautestes und Lustigstes für
    sie.

Vivat für die, die unterlagen!
Und für die, deren Schlachtschiffe in der See versanken!
Und für alle Generale, die Schlachten verloren, und für alle besiegten
    Helden!
Und für die zahllosen unbekannten Helden, den größten bekannten
gleich!

## 22.

Dies ist das für alle gleich gerichtete Mahl, dies das Fleisch für den natürlichen Hunger, –
Es ist dasselbe für die Schlechten sowohl wie für die Rechtschaffenen, ich treffe Vereinbarungen mit allen,
Ich dulde nicht, daß auch nur eine einzige Person gering geschätzt oder übergangen werde:
Die ausgehaltene Frau, der Schmarotzer, der Dieb sind hiermit geladen,
Der dicklippige Sklave ist geladen, der Venerische ist geladen.
Es soll kein Unterschied sein zwischen ihnen und den übrigen.
Dies ist der Druck einer schüchternen Hand, dies das Wehen und der Duft des Haares,
Dies die Berührung meiner Lippen mit den deinen, dies das Flüstern der Sehnsucht,
Dies die ferne Tiefe und Höhe, widerspiegelnd mein eigenes Gesicht,
Dies das gedankenvolle Versinken meiner selbst und das Wiederaustauchen meiner selbst.
Meinst du, ich hätte irgendeinen verwickelten Vorsatz?
Ja, ich habe einen, denn die Regenschauer des vierten Monats haben einen, und der Glimmer an der Seite eines Felsblocks hat einen.
Meinst du es so, daß ich verblüffen möchte?
Verblüfft das Taglicht? Tut es das früh erwachte Rotschwänzchen, das durch den Wald zwitschert?
Errege ich mehr Verwundern als sie?
In dieser Stunde sage ich vertrauliche Dinge.
Ich möchte sie nicht jedermann sagen, aber dir will ich sie sagen.

## 23.

Wer geht da? Lungernd, grob, mystisch, nackt?
Wie kommt es, daß ich Kraft aus dem Rindfleisch ziehe, das ich esse?

Was wohl mag ein Mann sein? Was bin ich? Was bist du?

Alles, was ich als das Meinige bezeichne, das sollst du ausgleichen mit dem Deinigen.
Anders wärs verlorene Zeit, mir zuzuhören.

Ich winsle nicht mit dem Allerweltsgewinsel,
Daß die Monate leere Räume wären und der Erdboden nichts als Schlamm und Dreck.
Wimmern und Zukreuzkriechen mischt in die Pulver für Krüppel, laßt die Anpassung den Vettern vierten Grades,
Ich trage meinen Hut, wie mirs gefällt, drinnen oder draußen.

Weshalb soll ich beten, weshalb verehren und zeremoniös sein?

Nachdem ich die Erdschichten durchspäht habe und analysiert auf ein Haar, Gelehrte zu Rat gezogen und genaue Berechnungen angestellt,
Finde ich doch kein süßeres Fett, als das auf meinen eigenen Knochen sitzt.

In allem Volk seh ich mich selber, keiner ist mehr und keiner um ein Gerstenkorn geringer als ich,
Und das Gute oder Böse, das ich von mir selber sage, sage ich von ihnen.

Ich weiß, daß ich fest und gesund bin.
Zu mir hin fließen und laufen zusammen alle Dinge der Welt,
Alle sind an mich geschrieben, und ich muß herausbekommen, was ihre Schrift bedeutet.

Ich weiß, daß ich todlos bin,
Ich weiß, diese meine Bahn kann nicht von eines Zimmermannes Zirkel umspannt werden.
Ich weiß, ich werde nicht vergehen wie der Feuerkreis, den ein Kind mit einem Stück brennenden Holzes in die Nacht zeichnet.

Ich weiß, daß ich erhaben bin.
Ich bemühe meinen Geist nicht, sich zu rechtfertigen oder sich verständlich zu machen.
Ich sehe, daß sich die Urgesetze niemals entschuldigen.
(Ich vermute, daß ich mich alles in allem nicht hochmütiger betrage als die Wasserwaage, nach der ich den Grund meines Hauses lege.)

Ich existiere, wie ich bin. Das genügt.
Gewahrt mich kein andrer in der Welt, so sitz ich zufrieden,
Und wenn jeder und alle mich gewahren, sitz ich zufrieden.

Eine Welt ist meiner gewahr und ist für mich die weiteste, und die bin ich selbst.
Und ob ich zu meinem Eigenen heute komme oder in zehntausend Jahren oder in zehn Millionen Jahren,
Ich kann es jetzt mit Freuden hinnehmen und kann mit gleicher Freude warten.

Worauf ich stehe, das ist verzapft und verfugt in Granit.
Ich lache über das, was ihr Auflösung nennt,
Und ich kenne die weite Fülle der Zeit.

## 24.

Ich bin der Dichter des Leibes, und ich bin der Dichter der Seele,
Die Seligkeiten des Himmels sind bei mir, und die Qualen der Hölle sind bei mir.

Jene veredle und mehre ich in mir, diese übertrage ich in eine neue Sprache.

Ich bin der Dichter des Weibes so als wie des Mannes,
Und ich sage, es ist ebenso groß, ein Weib zu sein, wie ein Mann zu sein.
Und ich sage, nichts ist größer, als die Mutter des Menschen zu sein.

Ich singe den Sang der Ausdehnung oder des Stolzes.
Wir haben uns geduckt und entschuldigt und um Verzeihung gebeten genug.
Ich zeige, daß Maß und Größe nur Entwicklung ist.

Hast du die andern alle überholt? Bist du der Präsident?
Es ist ein Geringes; sie werden mehr tun, als dahin gelangen, jeder von ihnen, und noch darüber hinaus kommen.

Ich bin der, der mit der milden, heraufsteigenden Nacht wandelt.
Ich rufe der Erde zu und dem Meer, dem von der Nacht halb umfangenen.
Drücke dich fest an mich, bloßbrüstige Nacht, drücke dich fest an mich, magnetische, nährende Nacht!
Nacht der Südwinde, Nacht der wenigen großen Sterne!
Still nickende Nacht, tolle, nackte Sommernacht!

Lächle, o üppige, kühl angehauchte Erde!
Erde der schlummernden, verschwimmenden Bäume!
Erde nach Sonnenuntergang, Erde der nebelbehäupteten Berge!

Erde im gläsernen Fluß des Vollmondes, blau schimmernd,
Erde in Glanz und Dunkel, buntfleckend des Flusses Flut!
Erde im klaren Grau der Wolken, Heller und klarer um meinetwillen!
Weit hinrollende, zartgliedrige Erde, reich in Apfelblüten prangende
    Erde!
Lächle, denn dein Geliebter naht!

Verschenkerin, du hast mir Liebe gegeben, so gebe auch ich dir
    Liebe,
O, unaussprechbare, leidenschaftliche Liebe!

## 25.

Du Meer! Auch dir ergebe ich mich, – ich rate, was du meinst.
Vom Gestade gewahre ich deine einladend gekrümmten Finger.
Ich glaube, du wehrst dich, zurückzugehen, bevor du mich nicht
    gefühlt hast.
Wir müssen einen Gang zusammen machen, ich entkleide mich.
Führe mich, trage mich rasch außer Sicht des Landes,
Bette mich sanft, wiege mich ein in wogenden Schlummer,
Überschütte mich mit zärtlicher Feuchte! – Ich kann es dir entgelten.

Meer der lang hingedehnten Grundwogen,
Meer, atmend mit breiten und zuckenden Zügen,
Meer mit dem Salzwasser des Lebens und mit ungeschaufelten, doch
    immer bereiten Gräbern,
Heuler und Toser des Sturms, wetterwendisches, großes Meer,
Eins sind wir, du und ich: auch ich habe eine Phase und alle.

Ich, Teil von Ebbe und Flut, Lobpreiser von Haß und Versöhnung,
Lobpreiser von Freundlieben und solchen, die Arm in Arm schlafen.

Ich bin, der Sympathie kündet.
(Soll ich meine Liste der Dinge im Hause machen und das Haus
    überspringen, das sie hält und trägt?)

Ich bin nicht der Dichter der Güte nur, ich lehne es nicht ab, auch
    der Dichter der Bosheit zu sein.

Was ist das für ein Geschwätz da von Tugend und Laster?

Übel treibt mich vorwärts, und Reform des Übels treibt mich
    vorwärts, ich stehe gleichmütig da,

Mein Gang ist der eines Tadlers nicht und eines Verwerfers Gang
nicht,
Ich feuchte die Wurzeln allem, was gewachsen ist.

Fürchtest du etwa Skrofeln aus der nie erschlaffenden Trächtigkeit?
Meintest du etwa, die himmlischen Gesetze wären noch zu
überarbeiten und zu berichtigen?

Ich halte die eine Seite für ein Gegengewicht und die entgegengesetzte
Seite für ein Gegengewicht,
Sanfte Lehre für eine ebenso treue Hilfe wie starke Lehre,
Gedanken und Taten der Gegenwart für unser Aufwachen und
unseren frühen Aufbruch.

Die Minute, die von vergangenen Dezillionen zu mir herkommt, –
Besseres als sie und in diesem Augenblick gibt es nicht.
Was in der Vergangenheit Taugliches war oder tauglich sich bewährt
in der Gegenwart, ist nicht weiter ein Wunder;
Das Wunder ist immer und immer, wie es einen gemeinen oder
ungläubigen Menschen geben kann.

## 26.

Endlose Entfaltung von Worten durch die Zeitalter!
Mein aber ein Wort des Heutigen, das Wort *en masse*.

Ein Wort des Glaubens, das nimmer trügt,
Hier oder fortan, es ist mir völlig gleich, unbedingt nehme ich die Zeit hin.
Sie allein ist ohne Riß, sie allein rundet und vollständigt alles,
Dies mystisch spottende Wunder allein vervollkommnet alles.

Ich nehme die Wirklichkeit hin und wage nicht, sie zu bekritteln,
Materialismus zuerst und vor allem erfüllend.

Hurra der positiven Wissenschaft! Lang lebe die exakte Forschung!
Hole Mauerpfeffer, gemischt mit Zedern- und Fliederzweigen!

Hier ist der Lexikograph, hier der Chemiker, der da machte
eine Grammatik aus den alten Papyrusstreifen,
Hier die Seeleute steuerten das Schiff durch gefahrvolle unbekannte Meere,
Hier ist der Geolog, der da arbeitet mit dem Skalpell, und der hier ist ein Mathematiker.

Meine Herren, euch allzeit die höchsten Ehren!
Eure Tatsachen sind nützlich, und doch sind sie noch nicht meine Wohnung.
Durch sie trete ich erst ein in einen Abteil meiner Wohnung.
Was die Eigenschaften der Dinge sagen, dessen sind meine Worte weniger Mahner,
Und mehr sind sie Mahner an das unsagbare Leben und an die Freiheit und das Freiwerden,

Und wenig Umstände machen sie mit Zwittern und Verschnittenen,
   sondern sind Männern und Weibern günstig, voll ausgerüstet,
Und schlagen die Sturmtrommel des Aufruhrs, und verweilen bei
   Flüchtlingen und jenen, die sich verschwören und konspirieren.

## 27.

Walt Whitman, ein Kosmos, Manhattans Sohn,
Aufrührerisch, fleischlich, sinnlich, essend, trinkend und zeugend,
Kein Empfindsamer, keiner, der über Männern und Frauen steht
    oder abseits von ihnen,
Nicht mehr bescheiden als unbescheiden.

Schraubt die Schlösser von den Türen!
Schraubt die Türen selber von ihren Pfosten!

Wer einen andern erniedrigt, der erniedrigt mich,
Und was immer getan oder gesagt wird, fällt zuletzt auf mich.

Durch mich wogt und wogt begeisternder Hauch, durch mich der
    Strom und der Zeiger.
Ich spreche die urerste Losung aus, ich gebe das Zeichen der
    Demokratie.
Bei Gott, ich werde nichts annehmen, woran nicht ein jeder andre
    auch sein Gleichteil hat unter denselben Bedingungen!

Durch mich gehen lang verstummte Stimmen,
Stimmen unendlicher Geschlechter von Gefangenen und Sklaven,
Stimmen von den Kranken und Verzweifelnden und von Dieben
    und Krüppeln,
Stimmen von Kreisläufen der Vorbereitung und des Wachstums,
Und von den Fäden, welche die Gestirne untereinander verknüpfen,
    und von Gebärmuttern und väterlichem Zeugungsstoff.

Und von den Rechten derer, die von anderen unterdrückt wurden,
Der Mißgestalten, der Albernen, Flachen, Närrischen, Verachteten,
Nebel in der Luft, Käfer, Dungkügelchen rollend.

Durch mich tönen verbotene Stimmen,

Stimmen von Geschlechtlichem und von Begierden, verschleierte
    Stimmen, und ich ziehe den Schleier weg,
Unzüchtige Stimmen, von mir erhellt und verklärt.

Ich presse mir nicht die Finger auf den Mund.
Ich halte die Eingeweide für ebenso köstlich wie Kopf und Herz,
Begattung ist mir nicht anstößiger als Tod.
Ich glaube an das Fleisch und an die Begierden.
Sehen, Hören, Fühlen sind Wunder, und jeder Teil und Zipfel von
    mir ist ein Wunder.

Göttlich bin ich innen und außen, und ich mache heilig, was immer
    ich berühre oder was immer mich berührt.
Der Duft dieser Achselhöhlen ist ein Duft, feiner als Gebet,
Dieses Haupt mehr als Kirchen, Bibeln und Glaubensbekenntnisse.

Wenn ich ein Ding mehr verehre als ein anderes, so soll es der
    Umfang meines eigenen Körpers sein oder irgendein Teil von
    ihm.

Durchscheinende meine Form, du sollst es sein!
Schattende Ränder und Stufen, ihr sollt es sein!
Starker männlicher Bespringer, du sollst es sein!
Was immer mir zum Wohl ist, das soll es sein!

Du mein kostbares Blut! Du milchiger Strom, bleiche Nachmilch
    meines Lebens!
Brust, die sich an andere Brüste preßt, du sollst es sein!
Mein Hirn, deine geheimen Windungen sollen es sein!
Wurzel des wasserbespülten Kalmus, scheue Teichschnepfe, Nest
    mit geschützten Doppeleiern, ihr sollt es sein!
Vermischtes, verwirrtes Haar, Heu des Hauptes, Bartes, der Brauen,
    ihr sollt es sein!
Triefender Gast des Ahorns, kräftige Weizenfaser, ihr sollt es sein!
Sonne, reich spendende, du sollst es sein!

Dünste, die ihr mein Gesicht beleuchtet und beschattet, ihr sollt es sein!
Und ihr, feuchte Bäche, liebliche Taue, ihr sollt es sein!
Ihr Winde, deren sanft kitzelnde Genitalien über mich hinstreicheln, ihr sollt es sein!
Breitmusklige Felder, Steineichenzweige, die meine gewundenen Pfade lieblich beschattet, ihr sollt es sein!
Hände, die ich faßte, Lippen, die ich küßte, Sterblicher, den ich je berührt, ihr sollt es sein!

Ich bin in mich selbst vernarrt, diesen ganzen Kerl da, – und er ist so köstlich!
Jeder Augenblick und alles, was geschieht, durchzittert mich mit Freude.
Ich kann nicht sagen, wie meine Fußknöchel sich drehen, noch was meines leisesten Wunsches Ursach ist,
Noch die Ursache der Freundschaft, die von mir ausströmt, noch die Ursache der Freundschaft, die ich empfange.
Geh ich meine Treppe hinauf, so mach ich Halt und überlege, ob das Wirklichkeit ist.
Ein Morgenschimmer an meinem Fenster befriedigt mich mehr als die Metaphysiken in den Büchern.

Den Tagesanbruch zu schauen!
Das erste Licht macht bleichen die ungeheuren durchsichtigen Schatten,
Und die Luft schmeckt meinem Gaumen gut.

Sprossende Triebe der bewegten Welt erheben sich still mit unschuldigen Freudensprüngen,
Schräg schnellen sie hin in Höhen und Tiefen.

Etwas, das ich nicht sehen kann, richtet lüsterne Zacken empor,
Meere von glänzendem Saft überfluten den Himmel.

Die Erde bräutlich mit dem Himmel steht, beider täglich neu
  geschlossene Einung,
Die vom Osten her in diesem Augenblicke über mein Haupt wogende
  Herausforderung,
Der spottende Spaß: Sieh, ob du mich meisterst!

## 28.

Wie schnell würde der blendende und schreckliche Sonnenaufgang
  mich töten,
Könnte ich nicht jetzt und allezeit Sonnenaufgang aus mir entsenden.
Auch wir steigen auf, blendend und furchtbar wie die Sonne.
Unser Eigenes fanden wir, o meine Seele, in der Stille und Kühle
  des Tagesanbruchs.

Meine Stimme geht aus nach dem, was meine Augen nicht erreichen
  können,
Mit einer Wendung meiner Zunge umfasse ich Welten und Massen
  von Welten.

Sprache ist die Zwillingsschwester meines Gesichtes, sie ist ungerüstet,
  sich selbst zu messen.
Immerwährend reizt sie mich und sagt spottend:
Walt, genug enthältst du; warum läßt du es nicht von dir?

Komm nur, ich will nicht gequält werden, du hältst zu viel vom
  Ausdruck!
Weißt du nicht, o Sprache, wie die Knospen unter dir gefaltet sind?
Sie warten im Dunkel, vor Frost geschützt,
Es weicht der Schmutz vor meinem prophetischen Schreien.
Ursachen lege ich unter, um sie doch im Gleichgewicht zu halten,
Mein Wissen, mein lebendiges Teil, das Schritt hält mit der
  Bedeutung aller Dinge,
Glückseligkeit. (Wer immer mich hört, Mann oder Weib, der mache
  sich auf, diesen Tag zu suchen.)

Mein höchstes Verdienst weigere ich euch, weigere das, was ich
  wirklich bin, aus mir herauszusetzen,
Umfasse Welten, doch mich selbst zu umfassen, versuche ich nie,

Und ich stoße und treibe den Flinksten und Besten von euch schon
    rein damit, daß ich ihn ansehe.

Schrift und Rede beweisen mich nicht.
Alle Beweise in aller Fülle und alles, was sonst ist, trage ich in
    meinem Antlitz.
Mit dem Schweigbefehl meiner Lippen verwirre ich völlig den
    Zweifler.

## 29.

Alle Wahrheiten warten in allen Dingen.
Weder beschleunigen sie ihre eigene Befreiung, noch widerstehn sie ihr,
Sie bedürfen nicht der Zange des Geburtshelfers.
Das Unbedeutende ist mir ebenso wichtig wie irgend etwas.
(Was ist mehr, was weniger als eine Berührung?)

Logik und Predigt überzeugen niemals. Der Tau der Nacht dringt tiefer in meine Seele ein.

(Einzig was einem jeden Mann und jedem Weibe sich beweist, ist so,
Einzig was niemand leugnet, ist so.)

Eine Minute und ein Tropfen von mir beruhigen mein Hirn.
Ich glaube, daß die feuchten Erdschollen zu Liebenden und Leuchten werden sollen,
Und ein Kompendium der Kompendien ist das Fleisch eines Mannes oder Weibes,
Und ein Gipfel und eine Blume darauf ist die Empfindung, die sie für einander haben,
Und sie haben ohn Ende Äste aus dieser Lehre zu treiben, bis sie allmächtig wird
Und bis alle und jeder uns Wonne bereiten und wir ihnen.

## 30.

Prunkender Sonnenschein, ich brauche deine Wärme nicht, – hör auf!
Dein Licht ist ganz oberflächlich, ich aber meistere Oberflächen und auch Tiefen.

Erde, du scheinst etwas von mir zu erwarten?
Sag, alte Haube, was willst du?

Mann oder Weib, gern möcht ich euch erzählen, wie ich euch gern habe, aber ich kann nicht;
Und möchte sagen, was in mir ist und was in euch ist, aber ich kanns nicht;
Und möchte mein Sehnen sagen, den Herzschlag meiner Nächte und Tage.

Siehe, ich gebe weder Vorlesungen noch Almosen.
Wenn ich gebe, gebe ich mich selbst.
Du da, kraftlos mit schlotternden Knieen,
Tu deine klappernden Kinnladen auf, daß ich dir Grips einblase,
Breite deine Handflächen aus, und hebe die Klappen deiner Taschen!
Ich lasse mich nicht abweisen, ich bewältige dich, ich habe Vorrat genug und kann entbehren,
Und alles, was ich habe, gebe ich her.

Ich frage nicht, wer du bist; das ist mir ganz gleich.
Du brauchst nichts zu tun und nichts zu sein; doch was ich will, umfaßt dich.

Dem Arbeiter im Baumwollfelde oder dem Abtrittreiniger schließ ich mich an,
Auf seine rechte Wange drück ich den Bruderkuß
Und schwöre in meine Seele, ich werd ihn niemals verleugnen.

Zeugungstüchtigen Frauen mache ich stärkere und flinkere Kinder.
(Heute verspritze den Stoff ich zu weit übermütigeren Freistaaten.)

Zu jedem Sterbenden eile ich hin und drehe den Türknopf auf,
Schlage die Bettdecken zurück zum Fußende hin,
Schicke den Arzt und den Priester nach Haus.

Ich packe den hinsterbenden Mann und reiß ihn empor mit ganzem
    Willen.
O Verzweifler, hier ist mein Hals,
Bei Gott, du sollst nicht untergehn! Häng dich an mich mit ganzer
    Last!
Ich fülle dich mit mächtigem Atem, ich mache dich flott,
Jeden Raum des Hauses fülle ich mit einer bewaffneten Macht,
Meinen Freunden, Besiegern des Grabes.

Schlafe! Ich und sie halten Wache die Nacht.
Nicht Zweifel noch Tod soll wagen, den Finger auf dich zu legen.
Ich habe dich umarmt, und hinfort besitze ich dich für mich.
Und stehst du am Morgen auf, dann wirst du finden, daß es so ist,
    wie ich dir sage.

## 31.

Ich verachte euch nicht, Priester aller Zeiten und über alle Erde.

Mein Glaube ist der größte der Glauben und der geringste der Glauben,

Schließt in sich alten Kult und neuen und jeden zwischen altem und neuem.

Daß ich nach fünftausend Jahren wieder auf die Erde kommen werde, glaube ich,

Auf Antworten von Orakeln wartend, die Götter verehrend, die Sonne begrüßend,

Einen Fetisch mir bildend aus dem nächsten Felsen oder Baumstumpf.

Ich tanze den Knütteltanz im Kreise der Obis,

Helfe dem Lama oder Brahminen die Götzenlampe putzen,

Ich tanze durch die Straßen in der Phallus-Prozession, verzückt und asketisch bin ich, ein Gymnosophist in den Wäldern,

Trinke Met aus dem Hirnschädelbecher, bewundre die Schastas und Veden, achte den Koran,

Steige auf die Teokallis, die befleckt sind mit Blut durch Stein und Messer, und schlage die Schlangenhauttrommel,

Akzeptiere die Evangelien, akzeptiere den, der gekreuzigt wurde, und weiß ganz sicher, daß er göttlich ist,

Knie bei der Messe oder steh auf zum Gebet des Puritaners oder sitze geruhig in einem Kirchenstuhl,

Ich tobe und schäume in der Krise meines Wahnsinns oder warte todgleich, bis mein Geist mich aufjagt,

Ich schaue hinaus auf Pflaster und Land oder hinweg über Pflaster und Land,

Zu denen gehörend, die den Kreis der Kreise runden.

Niedergeschlagene Zweifler, trübsinnig und ausgestoßen,

Frivol, mürrisch, gelangweilt, zornig, gerührt, entmutigt, atheistisch,

Ich kenne jeden von euch, ich kenne das Meer der Peinen, Zweifels, Verzweiflung und Unglaubens.

Wie die Flossen das Wasser schlagen!
Wie sie sich krümmen, blitzend schnell, mit Zucken und Sprudeln von Blut!

Seid ruhig, blutende Flossen der Zweifler und mürrischen Ausreißer!
Ich nehme meinen Platz unter euch so gut wie unter irgendwelchen sonst.
Die Vergangenheit drängt euch, mich, uns alle gleich;
Und was noch unversucht bis jetzt und kommen wird, ist für euch, mich, uns alle ganz gleich.

Ich weiß nicht, was unversucht ist und kommen wird,
Aber ich weiß, es wird schon als hinreichend sich erweisen, es kann nicht fehlen.

Was geht, steht in Betracht, was verharrt, steht in Betracht; kein einziger kann ausgenommen sein.

Unverloren ist der Jüngling, der starb und begraben ward,
Unverloren das junge Weib, das starb und ihm an die Seite gelegt wurde,
Nicht verloren das kleine Kind, das zur Türe hereinsah, zurückging und nie mehr gesehen wurde,
Nicht der Greis, der zwecklos lebte und es mit Bitterkeit fühlt, schlimmer als Galle,
Nicht der Armenhäusler, der tuberkulös ist vom Schnaps und von schlechter Krankheit,
Nicht die zahllosen Hingeschlachteten und Gescheiterten, nicht der tierische Auswurf, den man den Auswurf der Menschheit nennt,
Nicht die Säcke, die nur so mit offenem Maule umherschwimmen, damit Speise hineinschlüpfe,
Noch irgend sonst etwas auf der Erde oder drunten in der Erde ältesten Gräbern hat verspielt und verloren,

Noch irgend etwas in den Myriaden von Sphären, noch die Myriaden
 ihrer Bewohner,
Noch die Gegenwart, noch der letzte Dreckwisch, den man kennt.

## 32.

Es ist Zeit, daß ich mich erkläre. Laßt uns aufstehn!

Alles Bekannte streife ich ab,
Ich reiße alle Männer und Frauen vorwärts mit mir in das Unbekannte.

Die Uhr zeigt den Augenblick. Was aber zeigt die Ewigkeit?

Bis hierher haben wir Trillionen von Wintern und Sommern erschöpft,
Es liegen Trillionen vor uns und noch andere Trillionen vor diesen.

Geburten brachten uns Fülle und Mannigtum,
Und andere Geburten werden uns Fülle bringen und Mannigtum.

Ich nenne nicht das eine größer und das andere kleiner.
Was seine Zeit und seinen Platz erfüllt, ist allem gleich.

Waren die Menschen mordgierig oder eifersüchtig auf dich, mein Bruder, meine Schwester?
Es tut mir leid um dich, – sie sind nicht mordgierig und eifersüchtig auf mich.
Alle waren lieb zu mir, ich führe keine Rechnung mit Klage.
(Was hab ich mit Klagen und Jammern zu tun?)

Ich bin eine Gipfelhöhe geschehener Dinge und ein Einschließer kommender Dinge.

Meine Füße betreten eine Höhe der Treppenhöhen,
Auf jeder Stufe Büschel von Zeiten, und größere Büschel sind zwischen den Stufen,
Alle drunten richtig durchwandert, und noch steig ich und steige.

Aufstieg nach Aufstieg beugen sich die Phantome hinter mir.
Tief unten sehe ich das ungeheure Urnichts, ich weiß, ich war auch da,
Ich wartete ungesehen und immer, und durchlief die betäubenden Dünste,
Und nahm mir Zeit und nahm keinen Schaden von dem stinkenden Kohlenschwaden.

Lang war ich in feste Umarmung geschlossen, lang und lang.

Ungeheuer sind die Vorbereitungen für mich gewesen,
Treu und freundlich die Arme, die mir halfen,
Kreisläufe fuhren meine Wiege, ruderten und ruderten wie muntere Bootsleute.
Um mir Platz zu machen, hielten die Sterne seitwärts in ihren Bahnen,
Entsandten Kräfte, um nach dem zu sehen, was mich tragen sollte.

Eh ich aus meiner Mutter geboren ward, leiteten mich die Zeiten.
Mein Embryo ist niemals fühllos gewesen, nichts konnte ihn belasten.
Für ihn zog sich der Sternennebel zusammen zu einer Kugel,
Langsam, lange türmte sich Schicht über Schicht, ihm ein Ruhbett zu bereiten,
Ungeheure Pflanzen gaben ihm Nahrung,
Riesige Saurier trugen ihn in ihrem Rachen und setzten ihn sorgsam nieder.

Alle Kräfte wurden ständig beschäftigt, mich zu vervollkommnen und zu entzücken.
Nun stehe ich auf dieser Stelle mit meiner starken Seele.

## 33.

Ich weiß, das Beste habe ich aus Zeit und Raum, und wurde niemals gemessen und werde nie gemessen werden.

Ich wandere eine immerwährende Reise. (Kommt und hört alle zu!)
Meine Abzeichen sind ein regendichter Rock, gute Schuhe und ein Stab, im Walde geschnitten.
Keiner meiner Freunde ruht sich aus in meinem Stuhl,
Ich habe keinen Stuhl, keine Kirche, keine Philosophie,
Ich führe niemand zu Tisch, in die Bibliothek, an die Börse,
Aber jeden Mann und jedes Weib unter euch führe ich auf eine Kuppe,
Meine linke Hand faßt dich rund um den Leib,
Meine rechte Hand zeigt auf Landschaften von Kontinenten und die offene Landstraße.

Nicht ich und keiner kann die Straße für dich wandern,
Du mußt sie für dich selber wandern.

Es ist nicht weit, ist ganz im Erreichbaren.
Vielleicht bist du auf ihr gewesen seit deiner Geburt und wußtest es nicht.
Vielleicht ist sie überall auf dem Wasser und dem Lande.
Wirf deinen Pack auf die Schulter, teurer Sohn, wie ich den meinen, und laß uns forteilen!
Wunderbare Städte und freie Völker werden uns unterwegs begegnen.
Wenn du müde wirst, so gib mir beide Bürden und stütz den Ballen deiner Hand auf meine Hüfte,
Und später sollst du mir den gleichen Dienst erweisen,
Denn wenn wir erst aufgebrochen sind, ruhen wir nie mehr aus.

Heute vor Sonnenaufgang bestieg ich einen Hügel und betrachtete den wimmelnden Himmel,

Und ich sprach zu meinem Geiste: Wenn wir alle diese Weltalle umfaßt haben und die Freude und das Wissen um jegliches Ding auf ihnen, werden wir dann gefüllt und befriedigt sein?
Und mein Geist sagte: Nein, wir steigen diese Höhe nur, um sie hinter uns zu lassen und darüber hinaus zu steigen immer weiter.

Also stellst auch du mir Fragen, und ich höre dich,
Und antworte, daß ich nicht antworten kann, – du mußt dich selbst herausfinden.

Setze dich eine Weile, teurer Sohn!
Hier ist Zwieback zu essen, und hier ist Milch zu trinken,
Doch sowie du schläfst und dich in neuen Kleidern erquickest, küß ich dich mit einem Abschiedskuß und öffne die Tür für deinen Austritt fort von hier.

Lange genug hast du verächtliche Träume geträumt,
Nun wasch ich dir die Klebe von den Augen;
Du mußt dich gewöhnen an das Blenden des Lichts und an jeden Augenblick deines Lebens.

Lange bist du furchtsam gewatet, an eine Planke dich haltend dicht am Ufer,
Jetzt will ich, daß du ein tüchtiger Schwimmer werdest,
Abspringst mitten in die See, wieder auftauchst, mir zunickst, jauchzest und lachend das Wasser schüttelst aus deinem Haar.

## 34.

Ich bin der Lehrer der Athleten.
Der mir eine breitere Brust entgegenstreckt als meine eigene, beweist
    mir die Breite der meinen.
Der ehrt meinen Stil am meisten, der unter ihm lernt, den Lehrer
    zu vernichten.

Der Knabe, den ich liebe, der wird ein Mann nicht durch ererbte
    Macht, sondern durch sein eigenes Recht,
Lasterhaft lieber als tugendhaft aus Anbequemung oder Furcht,
Er liebt seine Geliebte, läßt sich gut seinen Braten schmecken,
Unerwiderte Liebe oder Geringschätzung schneiden ihn schärfer, als
    harter Stahl schneidet,
Meister im Reiten ist er, im Fechten, im Schießen nach der Scheibe,
    im Segeln, im Singen, im Banjospielen,
Er zieht Narben und den Bart und pockennarbige Gesichter allen
    Milchgesichtern vor
Und Sonnengebrannte denen, die sich im Schatten halten.

Ich lehre euch, mich zu verlassen, – doch wer kann mich verlassen?
Ich folge dir von diesem Augenblick an, wer immer du seist.
Meine Worte jucken dir in den Ohren, bis du sie verstehst.

Ich sage dir diese Dinge nicht für einen Taler oder um mir die Zeit
    zu vertreiben, während ich auf ein Boot warte. (Du sprichst,
    und sprichst so viel wie ich, ich bin nur deine Zunge,
In deinen Mund gebunden, beginnt sie in meinem sich zu lösen.)

Ich schwöre, nie wieder werde ich die Liebe oder den Tod im Innern
    eines Hauses erwähnen,
Und ich schwöre, nie mehr werde ich mich den allen verdolmetschen,
    sondern dem Manne oder dem Weibe, das mit mir im Freien
    steht.

Wenn du mich verstehen willst, so geh auf die Höhen oder an das Seegestade.
Die erste beste Mücke ist eine Erklärung, und ein Tropfen oder einer Welle Bewegung ist ein Schlüssel,
Der Hammer, das Ruder, die Handsäge bekräftigen meine Worte.

Kein geschlossener Raum, keine Schule kann mit mir verkehren,
Aber gemeines Volk und Kinder besser als sie.
Der junge Arbeiter steht mir ganz nah, er kennt mich gut.
Der Holzknecht, der seine Axt und seinen Krug mit sich nimmt, wird auch mich für den ganzen Tag mitnehmen.
Der Bauernbursch, der im Felde pflügt, fühlt sich wohl beim Klang meiner Stimme.
In segelnden Schiffen segeln meine Worte, ich gehe mit Fischern und Seeleuten und liebe sie.
Mein ist der Soldat im Lager oder auf dem Marsch.
In der Nacht vor der entscheidenden Schlacht suchen viele mich auf, und ich täusche sie nicht,
In dieser feierlichen Nacht (ihrer letzten vielleicht) suchen mich die auf, die mich kennen.

Mein Gesicht reibt sich an des Jägers Gesicht, wenn er sich allein in seine Decke legt.
Der Fuhrmann denkt an mich und achtet nicht des Rüttelns seines Wagens.
Die junge Mutter und die alte Mutter verstehen mich.
Das Mädchen und die Frau lassen einen Augenblick die Nadel ruhen und vergessen, wo sie sind.
Sie und alle möchten überdenken, was ich ihnen gesagt habe.

## 35.

Ich habe gesagt, die Seele sei nicht mehr als der Leib,
Und ich habe gesagt, der Leib sei nicht mehr als die Seele,
Und nichts, auch Gott nicht, sei einem größer, als man selbst ist,
Und wer immer eine Achtelmeile ohne Mitgefühl wandert, der wandert, in sein eigenes Leichentuch geschlagen, zu seinem Begräbnis,
Und ich oder du können ohne Pfennig in der Tasche das Beste der Erde kaufen,
Und mit dem Auge aufzublicken oder eine Bohne in ihrer Schale zu zeigen, vernichtet das Wissen aller Zeiten,
Und daß es keinen Beruf und kein Geschäft gebe, in dem der junge Mann, der ihm folge, nicht ein Held werden könnte,
Und daß es keinen noch so weichen Gegenstand gebe, daß er nicht eine Radnabe für das kreisende Universum abgäbe,
Und ich sage zu jedem Manne und zu jedem Weibe: Laßt eure Seele kühl und gelassen vor einer Million von Universen,
Und sage der Menschheit, seid nicht neugierig um Gott,
Denn ich, der ich neugierig bin nach allem, bin nicht neugierig nach Gott.
(Kein Aufgebot von Worten kann sagen, wie ich im Frieden stehe mit Gott und mit dem Tode.)

Ich höre und gewahre Gott in jedem Ding, doch verstehe ich Gott nicht im mindesten,
Noch versteh ich, daß einer wunderbarer sein könnte als ich selber.
Weshalb sollte ich Gott besser zu sehen wünschen, als ich ihn heute sehe?
Ich sehe etwas von Gott in jeder Stunde der vierundzwanzig, und in jedem Augenblick also,
In den Gesichtern von Mann und Weib sehe ich Gott, und in meinem eigenen Gesicht im Spiegel,

Ich finde Briefe von Gott, die er auf die Straße fallen ließ, und jeder
 ist mit Gottes Namen gezeichnet,
Und ich lasse sie, wo sie liegen, denn ich weiß, wohin immer ich
 gehe,
Werden andere kommen, pünktlich, immer und ewig.

## 36.

Und was dich, Tod, betrifft, und dich, bittre Umarmung der
Sterblichkeit: vergeblich ist der Versuch, mich zu erschrecken.

Zu seiner Arbeit tritt ohne Zögern der Geburtshelfer;
Ich sehe die Vorhand drücken, empfangen, unterstützen,
Ich biege mich nieder bei den Schwellen der feinen elastischen Türen,
Und merke den Auslaß, und merke die Erleichterung und das
    Entweichen.

Und du, Leiche, ich denke, du bist ein guter Dünger. Aber das kränkt
    mich nicht.
Ich rieche die weißen Rosen, die süß duftenden, schwellenden.
Ich greife die laubigen Lippen, ich greife die blanke Brust der Melone.

Und du, Leben, ich meine, du bist das Überbleibsel von vielen Toden.
(Sicherlich bin ich selber schon tausendmal vordem gestorben.)

Ich höre euch flüstern oben, Sterne des Himmels,
O Sonnen, o Gras auf Gräbern, o unaufhörender Übergang und
    Förderung!
Wenn ihr nichts sagt, wie könnte ich etwas sagen?

Von dem trüben Pfuhl, der im Herbstwald liegt,
Von dem Monde, der niedersteigt in die Abgründe des sausenden
    Morgendämmers,
Sprüht auf, ihr Funken des Tages und des Dämmers, sprüht auf aus
    den schwarzen Stämmen, die im Schlamme faulen,
Sprüht auf beim ächzenden Knarren der trockenen Äste!

Ich steige vom Monde aufwärts, ich steige aufwärts von der Nacht,
Ich sehe, der geisterhafte Flimmer ist eines mittaglichen Sonnenstrahls
    Abglanz,

Und er ergießt sich in das Dauernde und Zentrale, vom Ursprung des Großen und des Kleinen her.

## 37.

Die Falkeneule schweift vorbei und klagt mich an, beschwert sich
    über mein Plaudern und Zögern.

Nicht ein bißchen zahm bin ich und bin auch unübersetzbar.
Ich töne mein barbarisches Brüllen über die Dächer der Welt.

Des Tages letzter Schimmer weilt noch um meinetwillen,
Er legt mein Ebenbild mit anderem und treu wie irgendeines auf
    die schattende Wildnis,
Es schmeichelt mich in Nebel und Düster hinein.

Ich scheide wie Luft, ich schüttle meine weißen Locken gegen die
    enteilende Sonne hin,
Ich ergieße mein Fleisch in Wirbeln und hintreibe in fadigen Streifen.

Ich vermache mich selber dem Dreck, um aus dem Grase, dem
    geliebten, emporzutreiben.
Wenn du mich wieder brauchst, so suche mich unter deinen
    Stiefelsohlen.

Kaum wirst du wissen, wo ich bin und was ich meine,
Aber trotz allem werde ich dir gut bekommen
Und dein Blut filtern und stärken.

Glückt es dir nicht, mich gleich zu fangen, bleib guten Muts,
Fehl ich dir an einem Orte, such an einem anderen.
Irgendwo halte ich, warte auf dich.

## 38.

Das ist die weibliche Gestalt.
Ein göttlicher Nimbus enthaucht ihr von Kopf zu Fuß,
Sie zieht mit heißer, unwiderstehlicher Kraft.
Untergetaucht, ertränkt werde ich von ihrem Atem, als wäre ich nichts als ein hilfloser Rauch; alles fällt zur Seite hin, nur ich nicht, sie nicht.
Bücher, Kunst, Religion, Zeit, das Sichtbare und die feste Erde und was vom Himmel erwartet und was von der Hölle gefürchtet wurde, ist nun ganz vergangen.
Tolle Fühlfäden, unbändige Blitze schießen spielend hervor, die Antwort darauf gleich unbändig.
Haare, Busen, Hüften, Schwung der Beine, lässig fallende Hände, ganz aufgelöst, meine auch aufgelöst,
Ebbe gestachelt von Flut, und Flut gestachelt von Ebbe,
Liebesfleisch schwellend und köstlich schmerzend,
Unermeßliche klare Stürze von Liebe heiß und gewaltig, zuckende Gallerte der Liebe, weiß spritzender und rasender Saft.
Bräutliche Nacht der Liebe, sicher und sanft in das hingestreckte Morgenlicht dringst du,
Wogst hinein in den willigen, nachgebenden Tag,
Verlierst dich in den Spalt des umklammernden, haltenden, süßfleischigen Tages.

Dies der Keim. – Alsdann wird das Kind aus dem Weibe geboren, der Mann aus dem Weibe geboren.
Dies ist das Bad der Geburt, das Ein- und Untertauchen vom Kleinen und Großen, und ist wieder der Ausgang.
Sei nicht beschämt, Weib! Dein Vorrecht umschließt alles andere und ist alles anderen Ausgang.
Ihr seid die Tore des Leibes, und ihr seid die Tore der Seele.

Das weibliche Wesen enthält alle Eigenschaften und gibt ihm Maß,
Sie ist auf ihrem Platze und bewegt sich mit vollkommenem
    Gleichgewicht,
Sie ist alles in gebührender Weise verschleiert, ist beides, aktiv und
    passiv,
Sie hat Töchter ebenso wie Söhne zu empfangen und Söhne so wie
    Töchter.

Wie ich meine Seele in der Natur gespiegelt sehe,
Wie ich durch einen Nebel eine sehe, von unaussprechlicher
    Vollkommenheit, Gesundheit, Schönheit,
Sehe das gebeugte Haupt und Arme über die Brust gekreuzt, sehe
    das Weib.

## 39.

Ein Weib harrt meiner, alles enthält sie, nichts fehlt,
Doch alles würde ihr fehlen, fehlte das Geschlecht oder fehlte des rechten Mannes Feuchte.

Geschlecht enthält alles: Leiber, Seelen,
Meinungen, Beweise, Reinheit, Zartheit, Resultate, Verkündigungen,
Gesänge, Befehle, Gesundheit, Stolz, das mütterliche Mysterium, die Milch des Samens,
Alle Hoffnungen, Wohltaten, Spenden, alle Leidenschaften, Lieben, Schönheiten und Wonnen der Erde.

Alle Herrschaft, alles Gericht, Götter und Führerschaften der Erde,
Alles dies ist im Geschlecht beschlossen als Teile von ihm und als seine Rechtfertigungen.

Ohne Scham kennt und bekennt der Mann, den ich liebe, die Köstlichkeiten seines Geschlechts,
Ohne Scham das Weib, das ich liebe, die ihren.

Ich will nun weggehen von unempfindlichen Weibern
Und bei der bleiben, die meiner harrt, und bei denen, die warmblütig sind und mir Genüge geben.
Ich sehe, sie verstehen mich und versagen sich mir nicht,
Ich sehe, sie sind meiner würdig, ich will der kräftige Gatte dieser Weiber sein.
Sie sind nicht um ein Jota geringer als ich,
Gebräunt ist ihr Gesicht vom Sonnenschein und vom Winde,
Ihr Fleisch hat die alte göttliche Fülle und Kraft,
Sie wissen zu schwimmen, zu rudern, zu reiten, zu ringen, zu rennen und zu schlagen, weichen zurück, greifen an, widerstehn, verteidigen sich,

Sind endgültig in ihrem eigenen Recht, sind ruhig, klar und haben sich gut in der Gewalt.
Ich zieh euch dicht an mich heran, ihr Weiber.
Ich kann euch nicht lassen, ich möchte euch gut tun.
Ich bin für euch, und ihr seid für mich; nicht allein um unserer selbst willen, sondern um anderer willen.
In euch gehüllt schlummern größere Helden und Barden,
Sie weigern sich, durch eines andern Mannes Berührung geweckt zu sein als durch meine.
Ich bin es, ihr Weiber, ich finde meinen Weg.
Rauh bin ich, hart, mächtig, unerbittlich, aber ich liebe euch.
Ich tu euch nicht mehr weh, als nötig euch ist,
Ich ergieße den Stoff zum Ausgang von Söhnen und Töchtern, wie dieses Land sie braucht, ich presse euch mit langsamen, groben Muskeln,
Ich presse mich wirkungsfest, höre auf kein Bitten,
Und darf nicht abstehn, bevor ich eingesenkt habe, was so lang sich in mir gesammelt hat.

In euch lasse ich abfließen die gestauten Ströme meiner selbst,
In euch senke ich tausend kommende Jahre,
Auf euch pfropfe ich die Pfropfreiser der von mir und Amerika Bestgeliebten,
Die Tropfen, die ich über euch fließen lasse, sollen wachsen zu stolzen und athletischen Mädchen, neuen Künstlern, Musikern und Sängern,
Die, mit denen ich euch Kinder schwängere, sollen wieder mit Kindern schwanger gehen,
Ich muß vollkommene Männer und Frauen aus meinen Liebesspenden verlangen,
Erwarten, daß sie einander durchdringen, wie ich und ihr uns jetzt einander durchdringen,
Ich werde auf die Früchte ihrer zeugerischen Schauer rechnen, wie ich auf die Früchte der zeugerischen Schauer rechne, die ich jetzt gebe,

Ich zähle auf Liebesernten aus der Geburt, dem Leben, dem Tode, der Unsterblichkeit, die ich nun mit solcher Liebe pflanze.

## 40.

Urmomente, wenn ihr über mich kommt, – ah, jetzt seid ihr da!
Gebt mir jetzt nichts als unzüchtige Freuden,
Gebt mir den Trunk meiner Leidenschaften, gebt mir Leben, gemein und geil!
Heut geh ich munter mit den Lieblingen des Natürlichen, tagsüber und auch die Nacht durch.
Ich bin für die, die an lockere Genüsse glauben, ich nehme teil an den Mitternachtsorgien junger Leute,
Ich tanze mit den Tänzern und trinke mit den Trinkern.
Die Widerschalle hallen von unserem unzüchtigen Geschrei, irgendeine ganz gemeine Person lese ich mir zum besten Freund,
Er soll ein Rechtloser, Wilder, Ungebildeter sein, einer, der wegen Untaten von den anderen ausgestoßen wurde.
Ich will nicht mehr länger eine Rolle spielen, – warum soll ich mich selber von meinen Gefährten ausschließen?
O ihr Gemiedenen, ich für mein Teil meide euch nicht,
Ich komme ohne Verzug in eure Mitte, ich will euer Dichter sein,
Ich will mehr für euch sein als für irgendeinen von allen anderen.

## 41.

Einst kam ich durch eine volkreiche Stadt, einprägend meinem Gehirn zu künftigem Nutz ihre Schauplätze, Bauwerke, Sitten, Gewohnheiten,
Doch von all dieser Stadt erinnert mich diesen Augenblick einzig ein Weib, das ich dort zufällig traf und das mich aus Liebe zu mir zurückhielt,
Tag um Tag und Nacht um Nacht waren wir beieinander, – alles andere war längst vergessen gewesen.
Nur an dies Weib erinnere ich mich, das leidenschaftlich mir anhing,
Wieder gehen wir miteinander, lieben uns, trennen uns wieder,
Wieder hält sie mich bei der Hand: ich soll nicht gehen.
Ich seh sie dicht an meiner Seite mit stummen Lippen, traurig und bebend.

## 42.

Ich höre, man hat mich angeklagt, ich versuchte die Institutionen
 zu zerstören,
Aber in Wahrheit bin ich weder für noch gegen Institutionen.
(Was denn überhaupt hab ich gemein mit ihnen? Oder was mit ihrer
 Zerstörung?)
Einzig will ich in Mannahatta und jeder Stadt dieser Staaten im
 Inland und an der Küste,
In den Feldern und Wäldern und über jeden Kiel, groß oder klein
 oder breit, der das Wasser furcht,
Ohne Bauwerke oder Regeln oder Trusts oder sonst Beweise
Einrichten die Institution der teuren Liebe von Kameraden.

## 43.

Denn nicht um dessentwillen, was ich in dies Buch gesetzt, ist es geschrieben,
Noch kannst du es durch Lesen erwerben,
Noch kennen mich die am besten, die mich bewundern und prahlerisch preisen,
Noch werden die Kandidaten für meine Liebe (nur sehr wenige ausgenommen) siegreich sein,
Noch werden meine Gedichte allein Gutes tun, – sie werden genau so viel Böses tun, mehr noch vielleicht,
Denn alles ist umsonst ohne das, was du zuweilen ahnen magst und doch nicht greifen wirst, das, worauf ich anspielte:
Deshalb laß mich los und geh deines Wegs.

## 44.

Wer ging am weitesten? denn ich möchte noch weiter gehn.
Und wer ist gerecht gewesen? denn ich möchte der Gerechteste auf Erden sein.
Und wer war der Vorsichtigste? denn ich möchte vorsichtiger sein.
Und wer war am glücklichsten? O, ich glaube, das war ich, – ich glaube, nie war einer glücklicher als ich.
Und wer hat alles vergeudet? denn ich verschwende beständig mein Bestes.
Und wer am stolzesten? denn ich meine, ich habe Grund, der stolzeste Sohn der Erde zu sein, denn ich bin der Sohn der starken und hoch ragenden Stadt.
Und wer war kühn und treu? denn ich möchte das kühnste und treueste Wesen der Welt sein.
Und wer gütig? denn ich möchte mehr Güte zeigen als alle anderen.
Und wer gewann die Liebe der meisten Freunde? denn ich weiß, was es ist, die leidenschaftliche Liebe vieler Freunde zu empfangen.
Und wer besitzt einen vollkommenen und liebesbegabten Körper? denn ich glaube nicht, daß irgendeiner einen vollendeteren und liebeerfüllteren Leib besitzt als ich.
Und wer denkt die vollsten Gedanken? denn Ich möchte diese Gedanken übertreffen.
Und wer hat für die Erde passende Hymnen gedichtet? denn ich bin rasend vor verzehrendem Eifer, freudige Hymnen für die ganze Erde zu dichten

## 45.

Eine lichte Mitternacht: dies ist deine Stunde, o Seele, dein freier Flug ins Wortlose,
Weg von Büchern, weg von Künsten, nach getilgtem Tag, nach getaner Arbeit,
Dich ganz und weit forthebend, schwelgend, staunend, sinnend über das, was du am meisten liebtest:
Nacht, Schlaf, Tod und die Sterne.

# Biographie

| | |
|---|---|
| **1819** | *31. Mai:* Walt Whitman wird bei West Hills, Huntington Township, Long Island, geboren. |
| **1823** | Seine Familie zieht nach Brooklyn. |
| **1825** | *4. Juli:* LaFayette besucht Brooklyn – eine der Lieblingserinnerungen des Dichters. |
| **1825–1830** | Er besucht die öffentliche Schule in Brooklyn. Die Familie ändert häufig den Wohnsitz in der Stadt. |
| **1830–1831** | Er ist Büroangestellter in einem Rechtsanwaltsbüro, dann in einer Arztpraxis; er verläßt wahrscheinlich die Schule zu dieser Zeit. |
| **1831–1832** | Er arbeitet in Druckbüros und beginnt, den Druckerberuf zu erlernen. Er ist Drucklehrling bei »Long Island Patriot«. |
| **1832** | *Sommer:* Er arbeitet in Worthingtons Druckerei. *Herbst – 12 Mai 1835:* Er arbeitet als Setzer für den »Long-Island Star«. |
| **1833** | Die Familie Whitman zieht aufs Land zurück. |
| **1835** | *12. Mai – Mai 1836:* Er arbeitet in Druckbüros in New York City. |
| **1836–1838** | Er nimmt in verschiedenen Schulen auf Long Island Unterricht. Er nimmt an Diskussionsgesellschaften teil. |
| **1838** | *Frühling – Frühjahr 1839:* Er editiert den »Long Islander« in Huntington. |
| **1839–1841** | Er kehrt zurück, um auf Long Island zu unterrichten. |
| **1840** | *Herbst:* Er macht für den Präsidenten Martin Van Buren Wahlpropaganda. |
| **1841** | *Mai:* Whitman geht nach New York und arbeitet als Setzer für »The New World«. |
| **1841–1848** | Er trägt zu einigen markanten New Yorker Zeitungen bei: »Democratic Review«, »Broadway Journal«, »American Review«, »New York Sun«, »Columbian Magazine«. |

| | |
|---|---|
| **1842** | Er übernimmt für ein paar Monate die Redaktion für »The Aurora« und »The Tatler«. |
| **1843** | *Frühjahr:* Er gibt »The Statesman« heraus. |
| **1844** | *Sommer:* Er veröffentlicht »The New York Democrat«. *Oktober:* Er arbeitet bei »The New York Mirror«. |
| **1846–1847** | Er ist Herausgeber des »Daily Eagle« aus Brooklyn. |
| **1848** | *Januar:* Er kündigt (oder wird entlassen) bei der Redaktion des »Eagle«. *11. Februar:* Er verläßt New York mit seinem Bruder Jeff für New Orleans, um eine redaktionelle Stelle bei »Crescent« aufzunehmen. *5. März:* Die erste Nummer von »Crescent« wird veröffentlicht und enthält Whitmans Gedicht »Sailing the Mississippi at Midnight«. *24. Mai:* Er gibt die Stelle auf. *27. Mai:* Er segelt nach St. Louis. *15. Juni:* Er kommt nach Hause. In Brooklyn wird er Redakteur des »Brooklyn Freeman«. *9. September:* Die erste Nummer wird herausgegeben. |
| **1849** | *Frühjahr:* »Freeman« wird eine Tageszeitung. *April:* Whitman leitet auch ein Druckbüro und einen Buchladen auf Myrtle Avenue – aufgelistet im »Brooklyn Directory« von 1851. *11. September:* Whitman gibt die Redaktion auf. |
| **1851–1854** | Er beschäftigt sich mit Teppichhandel – die Details über sein Leben aus diesem Zeitraum sind spärlich. |
| **1855** | *Um den 4. Juli:* Die Erstausgabe von »Leaves of Grass« wird vom Verfasser veröffentlicht. *Wahrscheinlich 11. Juli:* Sein Vater stirbt. |
| **1856** | *16. August – 12. September:* Die zweite Ausgabe von »Leaves of Grass« wird unter Mitwirkung von Fowler und Wells verlegt. *November:* Amos Bronson Alcott und Henry David Thoreau besuchen den Dichter – im Folgejahr auch Ralph Waldo Emerson. |

| | |
|---|---|
| **1857–1859** | Whitman ist Herausgeber der Brooklyn »Times«. Er frequentiert Pfaffs Restaurant. |
| **1860** | Die dritte Ausgabe von »Leaves of Grass« wird in Boston von Thayer und Eldridge, als Folge der berühmten Diskussion mit Emerson über geschlechtliche Gedichte, veröffentlicht. |
| **1861** | Thayer und Eldridge versagen und die Originale für die dritte Ausgabe werden von einem unehrlichen Verleger mißbraucht, der plagiierte Kopien druckt und verkauft. |
| **1862** | *14. Dezember:* Whitman findet den Namen seines Bruders George auf einer Liste von Verwundeten und geht sofort auf die Front in Virginia, um ihn zu finden. Er wird inoffiziell Krankenpfleger. |
| **1863** | Er arbeitet für Feld- und Armeekrankenhäuser. Eine Freundschaft mit William Douglas O'Connor und John Burroughs beginnt. |
| **1864** | *Sommer:* Whitmans Gesundheit verschlechtert sich. Er kommt für sechs Monate zum Haus seiner Mutter in Brooklyn zurück. |
| **1865** | *Januar:* Er wird Beamter im Indischen Büro der Abteilung für innere Angelegenheiten.<br>*30. Juni:* Er wird von James Harlan entlassen.<br>*Juli:* Er wird Beamter im Büro des Generalstaatsanwaltes.<br>»Drum Taps« wird herausgegeben. |
| **1866** | »Drum Taps« wird mit dem Anhang »Sequel to Drum Taps«, der »When Lilacs Last in the Dooryard Bloom'd and Other Pieces« enthält, veröffentlicht. |
| **1867** | Die vierte Ausgabe von »Leaves of Grass« erscheint. Sie wird von William Rossetti rezensiert. Burroughs veröffentlicht die erste Biographie, »Notes on Walt Whitman as Poet and Person«. |
| **1868** | Rossetti gibt »Selections from Leaves of Grass« heraus, die gut in England aufgenommen werden. O'Connor |

|  | veröffentlicht »The Carpenter«. |
|---|---|
| **1869** | Frau Anne Gilchrist wird mit Whitmans Dichtung bekannt gemacht. |
| **1870** | Frau Gilchrist veröffentlicht »An English Woman Estimate of Walt Whitman« im Boston »Radical Review«. Die Erstausgabe von »Democratic Vistas« erscheint und enthält die in »Galaxy« 1867–1868 veröffentlichten Essays Whitmans. |
| **1871** | Die fünfte Ausgabe von »Leaves of Grass« erscheint. Whitman schreibt »After All, not to Create Only« [»Song of the Exposition«] für die Eröffnung des Amerikanischen Institutes in New York. Charles Algernon Swinburne grüßt Whitman in »Songs Before Sunrise«; Alfred Tennyson schreibt brüderliche Briefe; Rudolf Schmidt übersetzt »Democratic Vistas« ins Dänische. Mrs. Gilchrist schreibt ihm einen Heiratsantrag. *3. November:* Whitman schlägt den Vorschlag diplomatisch in einem Brief ab. |
| **1872** | Er schreibt »As a Strong Bird on Pinions Free« [»Thou Mother with thy Equal Brood«, 1882]. *1. Juni:* Thérèse Bentzon (Madame Blanc) veröffentlicht einen kritischen Artikel in »Revue des Deux Mondes«. Whitman streitet mit O'Connor über das Stimmrecht der Schwarzen. |
| **1873** | *Februar:* Lähmung nach vorausgehenden andauernden Schwindelanfällen. *23. Mai:* Whitmans Mutter stirbt. |
| **1874** | »The Song of the Universal« wird vorgelesen. *Sommer:* Er wird von seiner Stelle in Washington entlassen. |
| **1875** | Er verbringt den Sommer bei Timber Creek, Stafford Farm. *November:* Er ist wieder gesund genug, um Washington mit Burroughs zu besichtigen; sie wohnen der Wieder- |

beerdigung von Edgar Allan Poe in Baltimore bei.

**1876** *Frühling – Herbst:* In Timber Creek.
Die sechste Ausgabe von »Leaves of Grass« wird in zwei Bänden verlegt (»I. Leaves of Grass; II. Two Rivulets«, einschließlich »Passage to India« und anderen Prosaschriften). Rossetti und Mrs. Gilchrist verkaufen viele Exemplare in England; das Geld und die Anerkennung helfen bei der Genesung des Dichters.

**1877** *Februar:* Seine New Yorker Freunde geben ihm einen offiziellen Empfang. Er besucht John Burroughs.
Dr. Richard Maurice Bucke besucht Whitman und wird sein naher Freund.
Burroughs veröffentlicht »The Flight of the Eagle« in »Birds and Poets« – manche Fragmente werden von Whitman selbst geschrieben.

**1878** Die Gesundheit von Whitman verbessert sich. Er wiederholt den Ausflug den Hudsonfluss hinauf.

**1879** *14. April:* Er hält einen Vortrag über Lincoln in New York (jedes Jahr für die nächsten dreizehn Jahre).
*10. September:* Er beginnt mit einer Reise – er besucht St. Louis (wo sein Bruder Jeff lebt), Topeka, Rockies, Denver, Utah und Nevada.

**1880** *Januar:* Er kommt von seiner Reise im Westen zurück.
*Juni:* Er geht nach Kanada, um Dr. Bucke zu besuchen. Er macht eine Bootsfahrt auf St. Lawrence.

**1881** *November:* Die zweite Bostoner Ausgabe von »Leaves of Grass« wird von Osgood verlegt.

**1882** *Februar:* Die »Society for the Suppression of Vice« (»Gesellschaft für die Unterdrückung von Lastern«) erklärt die Osgood-Ausgabe für unsittlich.
*17. Mai:* Osgood schließt seinen Verlag und gibt die Originale Whitman zurück. Nach seiner eigenen »Author's Edition« in Camden findet Whitman einen neuen Verlag in Rees Welsh & Co, Philadelphia. Die Ausgabe von 3.000 Exemplaren wird an einem Tag verkauft.

|      | »Leaves of Grass« ist jetzt praktisch die vollständige Ausgabe, die späteren sind hauptsächlich Nachdrucke. *Herbst:* »Specimen Days and Collect« wird veröffentlicht. |
|------|---|
| 1883 | Dr. Richard Maurice Bucke veröffentlicht Whitmans Biographie, die von Whitman autorisiert ist. |
| 1884 | Der Verkauf der Philadelphia-Ausgabe ermöglicht Whitman den Kauf eines Hauses in Mickle Street, Camden, New Jersey; *26. März:* Er zieht ein und bleibt bis zu seinem Tod dort. *Juni:* Edward Carpenter macht einen zweiten Besuch. *Neue Freunde:* Horace L. Traubel, Thomas B. Harned, Talcott Williams und Robert G. Ingersoll. |
| 1885 | *Juli:* Whitman erleidet einen Hitzschlag. Das Laufen wird schwierig und die Freunde kaufen ihm ein Pferd. |
| 1887 | Der inzwischen traditionelle Vortrag über Lincoln bei Madison Square Theatre wird von vielen Prominenten besucht – er gleicht damit seine finanziellen Schwierigkeiten aus. Der Dichter dient Morse und St. Gaudens als Skulpturmodell und wird von Herbert Gilchrist und Thomas Eakins gemalt. |
| 1888 | *Früh im Juni:* Ein anderer paralytischer Schlag. Whitman versucht, »November Boughs« zu beenden. |
| 1889 | »House-tied«. |
| 1891 | *17. Dezember:* Er entwickelt eine Lungenentzündung. |
| 1892 | Es gelingt ihm noch, die zehnte Ausgabe von »Leaves of Grass« zu verlegen. *26. März:* Walt Whitman stirbt und wird in einer vorbereiteten Gruft in Harleigh Cemetery, Camden, beerdigt. |

### Dekadente Erzählungen

Im kulturellen Verfall des Fin de siècle wendet sich die Dekadenz ab von der Natur und dem realen Leben, hin zu raffinierten ästhetischen Empfindungen zwischen ausschweifender Lebenslust und fatalem Überdruss. Gegen Moral und Bürgertum frönt sie mit überfeinen Sinnen einem subtilen Schönheitskult, der die Kunst nichts anderem als ihr selbst verpflichtet sieht.

**Rainer Maria Rilke** Die Aufzeichnungen des Malte Laurids Brigge **Joris-Karl Huysmans** Gegen den Strich **Hermann Bahr** Die gute Schule **Hugo von Hofmannsthal** Das Märchen der 672. Nacht **Rainer Maria Rilke** Die Weise von Liebe und Tod des Cornets Christoph Rilke

*ISBN 978-3-8430-1881-4, 412 Seiten, 29,80 €*

### Erzählungen aus dem Sturm und Drang

Zwischen 1765 und 1785 geht ein Ruck durch die deutsche Literatur. Sehr junge Autoren lehnen sich auf gegen den belehrenden Charakter der - die damalige Geisteskultur beherrschenden - Aufklärung. Mit Fantasie und Gemütskraft stürmen und drängen sie gegen die Moralvorstellungen des Feudalsystems, setzen Gefühl vor Verstand und fordern die Selbstständigkeit des Originalgenies.

**Jakob Michael Reinhold Lenz** Zerbin oder Die neuere Philosophie **Johann Karl Wezel** Silvans Bibliothek oder die gelehrten Abenteuer **Karl Philipp Moritz** Andreas Hartknopf. Eine Allegorie **Friedrich Schiller** Der Geisterseher **Johann Wolfgang Goethe** Die Leiden des jungen Werther **Friedrich Maximilian Klinger** Fausts Leben, Taten und Höllenfahrt

*ISBN 978-3-8430-1882-1, 476 Seiten, 29,80 €*

### Erzählungen aus dem Sturm und Drang II

**Johann Karl Wezel** Kakerlak oder die Geschichte eines Rosenkreuzers **Gottfried August Bürger** Münchhausen **Friedrich Schiller** Der Verbrecher aus verlorener Ehre **Karl Philipp Moritz** Andreas Hartknopfs Predigerjahre **Jakob Michael Reinhold Lenz** Der Waldbruder **Friedrich Maximilian Klinger** Geschichte eines Teutschen der neusten Zeit

*ISBN 978-3-8430-1883-8, 436 Seiten, 29,80 €*

### Erzählungen der Frühromantik

1799 schreibt Novalis seinen Heinrich von Ofterdingen und schafft mit der blauen Blume, nach der der Jüngling sich sehnt, das Symbol einer der wirkungsmächtigsten Epochen unseres Kulturkreises. Ricarda Huch wird dazu viel später bemerken: »Die blaue Blume ist aber das, was jeder sucht, ohne es selbst zu wissen, nenne man es nun Gott, Ewigkeit oder Liebe.«

**Tieck** Peter Lebrecht **Günderrode** Geschichte eines Braminen **Novalis** Heinrich von Ofterdingen **Schlegel** Lucinde **Jean Paul** Des Luftschiffers Giannozzo Seebuch **Novalis** Die Lehrlinge zu Sais
*ISBN 978-3-8430-1878-4, 416 Seiten, 29,80 €*

### Erzählungen der Hochromantik

Zwischen 1804 und 1815 ist Heidelberg das intellektuelle Zentrum einer Bewegung, die sich von dort aus in der Welt verbreitet. Individuelles Erleben von Idylle und Harmonie, die Innerlichkeit der Seele sind die zentralen Themen der Hochromantik als Gegenbewegung zur von der Antike inspirierten Klassik und der vernunftgetriebenen Aufklärung.

**Chamisso** Adelberts Fabel **Jean Paul** Des Feldpredigers Schmelzle Reise nach Flätz **Brentano** Aus der Chronika eines fahrenden Schülers **Motte Fouqué** Undine **Arnim** Isabella von Ägypten **Chamisso** Peter Schlemihls wundersame Geschichte **Hoffmann** Der Sandmann **Hoffmann** Der goldne Topf
*ISBN 978-3-8430-1879-1, 408 Seiten, 29,80 €*

### Erzählungen der Spätromantik

Im nach dem Wiener Kongress neugeordneten Europa entsteht seit 1815 große Literatur der Sehnsucht und der Melancholie. Die Schattenseiten der menschlichen Seele, Leidenschaft und die Hinwendung zum Religiösen sind die Themen der Spätromantik.

**Brentano** Die drei Nüsse **Brentano** Geschichte vom braven Kasperl und dem schönen Annerl **Hoffmann** Das steinerne Herz **Eichendorff** Das Marmorbild **Arnim** Die Majoratsherren **Hoffmann** Das Fräulein von Scuderi **Tieck** Die Gemälde **Hauff** Phantasien im Bremer Ratskeller **Hauff** Jud Süss **Eichendorff** Viel Lärmen um Nichts **Eichendorff** Die Glücksritter
*ISBN 978-3-8430-1880-7, 440 Seiten, 29,80 €*

## Erzählungen aus dem Biedermeier

Biedermeier - das klingt in heutigen Ohren nach langweiligem Spießertum, nach geschmacklosen rosa Teetässchen in Wohnzimmern, die aussehen wie Puppenstuben und in denen es irgendwie nach »Omma« riecht.

Zu Recht. Aber nicht nur.

Biedermeier ist auch die Zeit einer zarten Literatur der Flucht ins Idyll, des Rückzuges ins private Glück und der Tugenden. Die Menschen im Europa nach Napoleon hatten die Nase voll von großen neuen Ideen, das aufstrebende Bürgertum forderte und entwickelte eine eigene Kunst und Kultur für sich, die unabhängig von feudaler Großmannssucht bestehen sollte.

**Georg Büchner** Lenz **Karl Gutzkow** Wally, die Zweiflerin **Annette von Droste-Hülshoff** Die Judenbuche **Friedrich Hebbel** Matteo **Jeremias Gotthelf** Elsi, die seltsame Magd **Georg Weerth** Fragment eines Romans **Franz Grillparzer** Der arme Spielmann **Eduard Mörike** Mozart auf der Reise nach Prag **Berthold Auerbach** Der Viereckig oder die amerikanische Kiste

*ISBN 978-3-8430-1884-5, 444 Seiten, 29,80 €*

## Erzählungen aus dem Biedermeier II

**Annette von Droste-Hülshoff** Ledwina **Franz Grillparzer** Das Kloster bei Sendomir **Friedrich Hebbel** Schnock **Eduard Mörike** Der Schatz **Georg Weerth** Leben und Taten des berühmten Ritters Schnapphahnski **Jeremias Gotthelf** Das Erdbeerimareili **Berthold Auerbach** Lucifer

*ISBN 978-3-8430-1885-2, 440 Seiten, 29,80 €*

## Erzählungen aus dem Biedermeier III

**Eduard Mörike** Lucie Gelmeroth **Annette von Droste-Hülshoff** Westfälische Schilderungen **Annette von Droste-Hülshoff** Bei uns zulande auf dem Lande **Berthold Auerbach** Brosi und Moni **Jeremias Gotthelf** Die schwarze Spinne **Friedrich Hebbel** Anna **Friedrich Hebbel** Die Kuh **Jeremias Gotthelf** Barthli der Korber **Berthold Auerbach** Barfüßele

*ISBN 978-3-8430-1886-9, 452 Seiten, 29,80 €*